業務田

ヒルナンデス!

冷凍食品

ずるうま
レシピ

INTRODUCTION
はじめに

こんにちは！　業務スーパー非公認大使の、業務田スー子と申します！

私の“業スー”に対する限りない愛は『ヒルナンデス！』で何度もお伝えしていますが、お茶の間の皆さまにも業スーの魅力は広がっていることを強く感じています。そして、前作の好評を受け、再びレシピ本を出させていただくことになりました。

今回、メインで取り上げるのは「冷凍食品」です。

手抜きの代名詞とうたわれたのは過去の話。最近の冷凍食品は「おししい」「安い」と評価されていることはみなさんもご存知ですよね。そして、我らが業スーには、主婦の私からしたら目が飛び出るくらいお得な商品が、これでもかと並んでいるのです。

さらに、注目したいのがその種類の豊富さ。肉、野菜、揚げ物、フルーツ。一度購入して冷凍庫に入れておけば急な献立変更だって、急いでる時だって安心。業スーの冷凍食品は主婦（主夫）の強い見方なんです！

この本では、冷凍食品を使った108個のアレンジレシピを紹介しています。まさに食欲の煩悩の数だけ！オーソドックスなメニューだって、冷凍食品を使えば時短になりますし、もちろん節約にもなります。

気になったものから、試してくださいね。

CONTENT

第4章
手間いらずでプロの味!?
調味料使い切りレシピ

第5章
即リピ決定!
やみつきおかずレシピ

第6章
パパっと作れて失敗知らず
おつまみレシピ

第7章
和風・洋風なんでもござれ!の
デザートレシピ

冷凍商品を制する者は食卓を制す!

とっても嬉しい5つのメリット!!

POINT 1 とにかく時短!

あらかじめ下処理してある冷凍食品は、レンジでチンしたり、そのまま揚げ油に投入したりと簡単に調理できるので料理時間を大幅カット! 忙しい朝も、慌ただしく帰宅した夜も安心です。

POINT 2 抜群の保存性!

当然ながら、生鮮食品と比べてかなり長期間保存できます。「冷蔵庫に入れたまま食材をダメにしてしまった……」なんて失敗もありません。また、まとめ買いもできるので買い物に行く手間も減ります。

POINT 3 無駄がない!

調理する分だけ使えるので、作りすぎて余ってしまうこともありません。また、野菜や魚は下処理してあるものもあり、家庭から出るゴミも減ります。

POINT

4 メニューが豊富に！

食卓が少し寂しい、あるいはお弁当にもうひとつおかずが欲しいなと思った時に大活躍。また、冷凍食品に食材の旬は関係ないので、１年を通してお好きな献立を楽しむことができます。

POINT

5 おいしい！

急速冷凍技術の発達により食材を新鮮な状態で風味を落とすことなく冷凍できるようになりました。素材の持つうま味をぎゅっと冷凍させるので、食材のおいしさを損なうことなくいつでも楽しむことができます。

業務スーパーの安さと人気のヒミツ！

1 材料から育てている！
農場や養鶏場で原材料を育てて、コストを大幅にカット！

2 世界中からまとめ買い
世界約40カ国から厳選した商品をコンテナで直輸入！

3 仕入れコストの削減
問屋を通さないでメーカーから直接仕入れて費用削減。

4 無駄・非効率を徹底排除！
広告はWEBチラシをメインにして広告費を大幅カット。冷凍食品用の什器もオリジナルで開発。

5 オリジナル商品で差別化
話題になった牛乳パック入りのデザートシリーズやビッグサイズ加工食品がヒット！

本書の使い方

1食あたりの金額

使用する業務スーパーの食材・調味料

レシピ名

材料

巻末の材料別インデックスを使えば、家にある材料など、使いたい食材からレシピを逆引きできます。色がついている材料は業務スーパーの商品です。

ずるうまポイント

[1食あたり]
88円

/500g\

ITEM | 赤魚

コスパ最強！　いくらでもいける！

赤魚のふっくら酒蒸し

材料　2人分

赤魚…2尾
長ねぎ…1/3本
しょうが1片
酒…大さじ2
塩…少々
ゆずぽん酢…小さじ2

作り方

1 ねぎとしょうがは千切りにして、白髪ねぎと針しょうがにする。
2 耐熱ボウルに1を入れ、その上に赤魚をのせ、酒、塩をふりかけ、ふわっとラップをかけ、レンジで10分加熱する。
3 皿に盛り付け、ぽん酢をかけたら完成。

ずるうまPOINT

ラップはふわっとかけましょう。

020

本書のレシピの注意点

- 表記は大さじ１=15mℓ、小さじ１=５mℓ、１カップ=200mℓです。
- 電子レンジは600Wを使用しています。
- 特に指示がない場合、火勢は中火です。
- 炊飯器を使ったレシピは「普通モード」で炊飯してください。
- 揚げ油はサラダ油などを使用してください。
- 揚げ油の180℃の目安は、乾いた菜箸の先を油の中に入れると、泡がゆっくりと立つ状態です。
- 「ひとつまみ」は、親指、人さし指、中指の３本の先でつまむくらいの分量です。小さじ1/5〜1/4とします。
- スパゲティをゆでる湯の塩分濃度は１〜1.5%を目安としてください。
- 食べ残した場合は、冷蔵庫などで保存し、数日以内にお召し上がりください。
- レシピには目安となる分量や調理時間を表記していますが、食材や食材のサイズ、調理器具などによって個体差がありますので、様子をみながら調整してください。

第1章

かんたん♪ お手軽♪

レンチン
レシピ

寝坊した朝も、帰りが遅くなった夜も、
電子レンジさえあれば
あっという間にできる、お手軽レシピ。
冷凍食品を毎日の味方にしましょう！

/300g\

ITEM | 大粒むきえび

マヨ2:ケチャ1が黄金比!

3分えびマヨ

材料　2人分

大粒むきえび…300g

A
- 塩…少々
- こしょう…少々
- ごま油…小さじ2

B
- マヨネーズ…大さじ2
- ケチャップ…大さじ1
- レモン汁…小さじ1

刻みパセリ…適量

作り方

1 解凍したえびの水けをきったら、Aをまぶす。

2 1を耐熱ボウルに入れ、ラップをしてレンジで2分加熱する。

3 合わせておいたBを2にからめ、皿に盛って刻みパセリをふったら完成。

ずるうまPOINT

オーロラソース
(マヨ&ケチャ)の
配合を変えてもOK!

[1食あたり]
308円

ITEM | 冷凍ミックスベジタブル

/500g\

パンと一緒に素敵な朝食を♪

サバチャウダー

材料 2人分

さば水煮缶詰…1缶
冷凍ミックスベジタブル
…100g
みそ…小さじ1
牛乳…250㎖
バター…10g

作り方

1 耐熱ボウルに粗くほぐしたサバ缶(汁ごと)、ミックスベジタブル、牛乳、みそを入れ ラップをしてレンジで5分加熱する。

2 取り出した1にバターを加えてよくかき混ぜたら完成。

ずるうまPOINT

バターを入れないと
さっぱり風味!
冷めても美味よ!

[1食あたり]
118円

/500g\

ITEM | いんげん(ベルギー産)

下処理いらず! あっという間に出来上がり!

超高速ツナマヨいんげん

材料 2人分

いんげん(ベルギー産)…200g
ツナ缶…1缶
マヨネーズ…大さじ3
しょうゆ…小さじ1/2

作り方

1 凍ったままのいんげんを手でポキポキと折りながら耐熱ボウルに入れ、ラップをしたらレンジで3分温める。

2 汁けをきったツナ缶、マヨネーズ、しょうゆを1とよく混ぜ合わせたら完成。

ずるうまPOINT

1のあとにいんげんから水けが出たらしっかりきること。

\500g/

ITEM | 赤魚

わが家のおもてなしグルメ

赤魚のエスニック グリーンカレー

材料　2人分

赤魚…2尾
揚げなす乱切り…100g
冷凍パプリカ…100g
グリーンカレーペースト…大さじ2
ココナッツミルク…1カップ
水…1カップ
コンソメ…小さじ1

作り方

1. 耐熱ボウルに水とグリーンカレーペースト、コンソメを入れよく混ぜ合わせたら、赤魚、揚げなす、パプリカを入れふわっとラップをかけレンジで10分温める。
2. 1をレンジから取り出し、ココナッツミルクを加えたら、軽くひと混ぜし、ラップをかけさらにレンジで3分温めて完成。

ずるうまPOINT

食べる前に
軽く混ぜて
食べるとGOOD！

[1食あたり]
149円

ITEM | 塩レモン

甘さと酸味をクリームチーズがしっかりまとめあげる

さつまいもレモン

/ 185g \

材料 4人分

- A
  - 天ぷら用さつまいも…250g
  - 塩レモン…大さじ1
  - 水…100mℓ
- クリームチーズ…50g
- ブラックペッパー…少々
- ハチミツ…適量

作り方

1. 耐熱ボウルにAを入れ、ラップをしてレンジで7分加熱する。
2. 熱いうちに1をつぶし粗熱が取れたら、クリームチーズとブラックペッパーを加えてざっくりと混ぜる。
3. 皿に盛り付けたら、お好みでハチミツをかけて完成。

[1食あたり]
60円

ITEM | いんげん（ベルギー産）

毎日の食卓の箸休めに

/ 500g \

いんげんの塩レモン和え

材料 2人分

いんげん（ベルギー産）…200g
塩レモン…小さじ2
にんにく…1片

作り方

1 にんにくをみじん切りにしておく。

2 耐熱ボウルにすべての材料を入れ、ふんわりラップをしてレンジで3分加熱し、よくあえたら出来上がり。

ずるうまPOINT

にんにくを細かく
カットすると
うま味が増します。

ITEM | さば水煮缶詰

「またうどん?」とは言わせない!

/ 190g \

サバ汁つけうどん

材料 2人分

A
- さば水煮缶詰…1缶
- 姜葱醤(ジャンツォンジャン)…大さじ1
- 砂糖…小さじ1
- しょうゆ…小さじ1
- 酢…小さじ1
- 水…50㎖

- ミニトマト…6個
- しそ…4枚
- 讃岐うどん…2玉

作り方

1. ミニトマトは半分に切り、しそは手でちぎる。
2. 耐熱ボウルにAと1を入れ、レンジで2分加熱する。
3. ゆでたうどんに2をつけ汁として添えて完成。

ずるうまPOINT

サバのうま味がしみしみよ〜。

[1食あたり]
115円

ITEM | すき焼きのたれ

良質なタンパク質をお手軽にどうぞ！

/ 1216g \

かさまし肉豆腐

材料 2人分

牛ロース切り落とし…150g
高野豆腐（一口サイズ）… 8個
玉ねぎ… 1/4個
A | すき焼きのたれ…50mℓ
水…250mℓ
だしの素…小さじ1/2

作り方

1 牛肉を食べやすい大きさにカットし、玉ねぎは1cm幅のくし形切りにする。

2 耐熱ボウルに高野豆腐、牛肉、玉ねぎの順にのせ、Aを回しかけてレンジで10分加熱したら完成。

ずるうまPOINT

しょっぱくなるので
加熱しすぎないこと。

ITEM | 赤魚

コスパ最強！　いくらでもいける！

赤魚のふっくら酒蒸し

/ 500g \

材料　2人分

- 赤魚…2尾
- 長ねぎ…1/3本
- しょうが1片
- 酒…大さじ2
- 塩…少々
- ゆずぽん酢…小さじ2

作り方

1 ねぎとしょうがは千切りにして、白髪ねぎと針しょうがにする。

2 耐熱ボウルに1を入れ、その上に赤魚をのせ、酒、塩をふりかけ、ふわっとラップをかけ、レンジで10分加熱する。

3 皿に盛り付け、ぽん酢をかけたら完成。

ずるうまPOINT

ラップは
ふわっと
かけましょう。

レンチンレシピ

[1食あたり]
152円

/ 500g \

ITEM | ごぼうにんじんミックス

サラダ感覚で食べられて罪悪感ゼロ！

根菜奴

材料 2人分

ごぼうにんじんミックス
…30g
豆腐…1丁
水菜…1/2株
ツナ缶…1/2缶
銀の胡麻ドレッシング
…大さじ2

作り方

1 耐熱ボウルにごぼうにんじんミックスを入れ、ふわっとラップをして2分温め、粗熱をとり、水けもしっかりときる。

2 皿に3cm長さに切った水菜、1、食べやすいサイズに切った豆腐、缶汁をきったツナをのせ、ごまドレッシングをかけたら完成。

ずるうまPOINT

解凍した時の
水分にご用心！

/500g\

ITEM | 冷凍刻みたまねぎ

玉ねぎの甘さをまとった
やさしい一品

玉ねぎ衣のシュウマイ

材料 8個分

冷凍刻みたまねぎ…150g
豚ひき肉…250g
A | 酒…大さじ1
  | 塩…小さじ1/2
B | しょうがすりおろし…1片分
  | しょうゆ…小さじ1
  | ごま油…小さじ1
千切りキャベツ…適量

作り方

1 豚ひき肉にAを加えよく混ぜ、Bを加えさらに混ぜる。

2 1を8等分にして丸め、玉ねぎを冷凍のまま全体にまぶす。

3 耐熱皿に千切りキャベツを敷き2を並べ、ふんわりラップをかける。

4 レンジで7分加熱したら完成。

ずるうまPOINT

玉ねぎをまぶす際に
粉をふる必要は
ありません！

[1食あたり]
158円

/500g\

ITEM | さといも

ねっとりとした口あたりがやみつきに

さといもサラダ

材料 2人分

さといも…250g
ちくわ…1本
冷凍むき枝豆…50g
A | かつお節…5g
　| マヨネーズ…大さじ2
　| 塩…小さじ1/2
　| しょうゆ…小さじ1/2
青のり…適量

作り方

1 冷凍枝豆は解凍し、ちくわは8㎜厚さの輪切りにする。

2 さといもを凍ったまま耐熱ボウルに入れ、ふんわりラップをしてレンジで4分加熱する。

3 2が熱いうちにAを加えてよくつぶし、1を入れたらざっくり混ぜて器に盛り、青のりをかけて出来上がり。

ずるうまPOINT

ポテサラのように
おつまみにも！

/ 500g \

ITEM | いんげん（ベルギー産）

カレー風味でパクパクいけちゃう！

いんげんとサバのトマト煮込み

材料 2人分

いんげん（ベルギー産）…100g
さば水煮缶詰…1缶
カットトマト缶…100g
カレールー…1かけ
ケチャップ…大さじ1
ウスターソース…大さじ1
にんにく…1片
しょうが…1片

作り方

1 にんにくとしょうがはみじん切りに、カレールーは粗く刻む。

2 耐熱ボウルに凍ったままのいんげんを手でポキポキ折りながら入れ、1、サバの水煮（汁ごと）、トマト缶、ケチャップ、ウスターソースを加える。

3 ラップをしてレンジで10分温め、ざっくりかき混ぜたら完成。

ずるうまPOINT

カレールーは
甘口がオススメ！

ITEM | 姜葱醤（ジャンツォンジャン）

/ 180g \

重ねた白菜の間から肉のうまさがあふれだす！

白菜の重ね鍋

材料 2人分

A
- 姜葱醤（ジャンツォンジャン）…大さじ2
- 豚バラ肉…150g
- しょうゆ…小さじ1

白菜…600g

作り方

1 Aを袋に入れて手でもみ、15分ほど漬け込む。

2 10cm幅に切った白菜の上に1を広げてのせ、その上からさらに白菜をのせる。それを繰り返してミルフィーユ状にする。

3 耐熱ボウルに、2を縦に詰め、上からラップをしてレンジで8分加熱したら完成。

ずるうまPOINT

白菜にのせる具材を少なくすると上手に仕上がります。

[1食あたり]
102円

ITEM | 肉だんご

コスパ最強肉だんごのテッパンレシピ

/500g\

ポン酢ケチャップ酢豚

材料 2人分

肉だんご…200g
にんじん…1/2本
ピーマン…2個
玉ねぎ…1/2個
水…大さじ1
A | ゆずぽん酢…大さじ3
ケチャップ…大さじ3
ごま油…大さじ1
片栗粉…小さじ1
水…小さじ1

作り方

1 耐熱ボウルにくし形切りにした玉ねぎ、乱切りにしたにんじんと肉だんご、水を入れ、レンジで8分加熱する。

2 1に乱切りにしたピーマンとAを入れて混ぜたら、ふんわりとラップをかけさらに2分加熱して、よく混ぜたら出来上がり。

ずるうまPOINT

ケチャップの酸味が抜けるとお子様も喜びます。

/1000g\

ITEM | 徳用ウインナー

レタスとコンソメでウインナーがごちそうに変身

徳用ウインナー ロールレタス

材料 2人分

徳用ウインナー…6本
レタス…12枚
A | 水…2カップ
  | コンソメ…小さじ2
  | 粗挽きこしょう…適量

作り方

1 耐熱皿にレタス、水(分量外)を入れ、レンジで30秒加熱する。

2 ウインナー1本につき、1を2枚使って包む。

3 耐熱皿に2、Aを入れレンジで3分加熱したら完成。

ずるうまPOINT

カットして盛り付けると見た目がきれいに。

[1食あたり]
35円

ITEM | 揚げなす乱切り

子供がなすを大好きになる人気レシピ

/500g\

爆速煮びたし

材料 2人分

揚げなす乱切り…150g
A | 水…100mℓ
しょうがチューブ…3cm
だしの素…小さじ1/4
しょうゆ…大さじ1
みりん…大さじ1
小ねぎ…1本

作り方

1 揚げなす乱切りとAを耐熱ボウルに入れレンジで4分加熱する。

2 小口切りにした小ねぎをちらしたら出来上がり。

ずるうまPOINT

仕上げにラー油や七味をかけると大人の味に。

/1000ml\

ITEM | すりおろし玉ねぎドレッシング

おもてなしの前菜にぴったり

ゼリー寄せ

材料 4人分

A | すりおろし玉ねぎ
　ドレッシング…30mℓ
水…260mℓ
レモン汁…小さじ2
塩…少々

ゼラチン…7g
水…大さじ1
ミニトマト…8個
生ハム…4枚
冷凍むき枝豆…40g

作り方

1 ゼラチンを分量の水でふやかしておく。

2 ミニトマトは縦半分に、生ハムは食べやすい大きさに切り、冷凍枝豆は解凍しておく。

3 耐熱ボウルに1、Aを入れてレンジで1分温め、よく混ぜたら粗熱を取る。

4 グラスに2を入れ、3を流し入れ冷蔵庫で3時間ほど冷やしかためて完成。

第2章

土日に作れば平日が楽チン!

大量鶏肉使い切りレシピ

鶏肉さえあればなんでもできる!
冷凍の大量鶏肉を週末に
まとめて作り置きしておいて、
平日のメインディッシュ
としてどうぞ!

ITEM | 鶏もも肉

2kg

おかずはこれさえあればOK!

爆裂!
2キロから揚げ

材料

鶏もも肉…2kg

A
- 酒…大さじ3
- 砂糖…小さじ3
- しょうがのしぼり汁…大さじ2

B
- 溶き卵…2個分
- しょうゆ…大さじ4
- 片栗粉…90g
- 塩…小さじ2

揚げ油…適量

作り方

1 鶏もも肉は1枚ずつ6等分にカットしてボウルに入れ、Aをもみ込み10分ほど漬けておく。

2 1にBを加え、さらにもみ込む。

3 油を170℃に熱したら2をゆっくり入れて軽く色づいたら取り出す。バットに5分ほどおいたら、油の温度を180℃に上げて、もう一度投入して1分揚げたら完成。

ずるうまPOINT

から揚げは
たくさん作った
ほうがおいしい!

[1食あたり]
250円

ITEM｜鶏もも肉

甘めの味付けで子供も大喜び！　ごはんも進む！

甘辛チキンチャップ

材料　2人分

鶏もも肉…1枚

A
- ケチャップ…大さじ2
- みりん…大さじ1
- しょうゆ…小さじ1と1/2
- にんにくチューブ…1cm

作り方

1 鶏もも肉を開いて厚みを均等にし、12等分にカットしたら袋に入れ、Aを加えて15分ほど漬ける。

2 トースターのトレーにアルミホイルを敷き、1の皮目を上にして5分焼く。

3 袋に残った漬け汁をかけ、さらに5分焼いたら出来上がり。

ずるうまPOINT

中まで火が入るようにしっかりと焼きましょう。

ITEM | 鶏もも肉

ほっこり主菜が10分で完成!

レンチンみぞれ鍋

材料　2人分

鶏もも肉…1枚
大根おろし…250g
白菜…2枚
にんじん…20g
長ねぎ…15g
A | だしの素…小さじ1
　| 水…500㎖
　| しょうゆ…大さじ3

作り方

1 鶏もも肉を一口大に切り、白菜はそぎ切り、にんじんはピーラーでリボン状に切り、長ねぎは食べやすい大きさに切る。大根おろしは常温で解凍しておく。

2 耐熱ボウルにAと鶏もも肉を入れレンジで6分加熱する。

3 2に野菜を加え、さらにレンジで4分加熱したら出来上がり。

ITEM | 鶏もも肉

コスパ最強！　いくらでもいける！

無限しょうが焼き

材料 2人分

鶏もも肉…2枚
玉ねぎ…1/2個
塩こしょう…少々
A 姜葱醤（ジャンツォンジャン）…大さじ4（56g）
　酒…大さじ4
　しょうゆ…小さじ4
B 片栗粉…小さじ2
　水…大さじ2

作り方

1 鶏もも肉を食べやすい大きさに切り、塩こしょうをふる。玉ねぎは1㎝幅のくし形切りにする。

2 1とAを袋に入れ軽くもみ、15分ほど漬けておく。

3 フライパンに油をひかずに2の具材を入れる。鶏肉の皮が下になるように広げ、肉に火が通るまで中火で焼く。

4 火を止め2の残り汁とBを入れ、弱火にかけてとろみがついたら完成。

[1食あたり]
181円

ITEM｜鶏もも肉

ボリューム満点で腹持ちもいい

簡単クリーム煮

材料　2人分

鶏もも肉…1枚
キャベツ…200g
塩こしょう…少々
A
- フレンチドレッシング…50ml
- 水…1カップ
- 牛乳…1/2カップ
- にんにくすりおろし…少々

B
- 片栗粉…大さじ1
- 水…大さじ1

作り方

1. 鶏もも肉を一口大に切り、塩こしょうをふる。
2. キャベツを5cm幅にカットする。
3. 炊飯器にAを入れてよく混ぜ、鶏肉、キャベツの順に入れ炊飯ボタンを押す。
4. 3にBを加え、さらに10分ほど炊飯したら完成。

ITEM | 鶏もも肉

ナッツのゴロゴロ感が素敵なアクセント!

鶏もも肉のミックスナッツ炒め

材料 2人分

鶏もも肉…1枚
ミックスナッツ…50g
ねぎ…15cm
A | 塩…少々
しょうゆ…小さじ1
しょうがチューブ…1cm
片栗粉…小さじ1
ごま油…大さじ2
B | 砂糖…大さじ1
酒…大さじ1
ゆずぽん酢…大さじ2
水…大さじ1

作り方

1 2cm角にカットした鶏もも肉とAを袋に入れてもみ込み、15分ほど漬ける。長ねぎは1cm幅に切る。

2 フライパンにごま油をひいたら、1の鶏もも肉を入れ中火で炒める。

3 鶏肉の色が変わったらねぎとナッツを入れ、ねぎに軽く焦げ目がつくまで強火で炒める。

4 Bを加え、からめるようにサッと炒めたら完成。

[1食あたり]

125円

ITEM | 鶏むね肉

インドの定番料理を自宅で！

もみ焼きタンドリーチキン

材料 2人分

鶏むね肉…1枚

A
- カレー粉…小さじ2
- プレーンヨーグルト…大さじ3
- 塩…小さじ1
- しょうがチューブ…2cm
- にんにくチューブ…2cm

作り方

1 Aを袋に入れ混ぜておく。

2 鶏むね肉は1cm幅にそぎ切りにし、1に漬け1時間ほどおく。

3 2の汁けをきったらトースターに並べ、10分焼いたら出来上がり。

ずるうまPOINT

半日〜1日漬けてから焼くとさらに柔らかい仕上がりに。

ITEM | 鶏むね肉

輝かしいテリが食欲をそそる

ピッカピカ照り焼き

材料 2人分

鶏むね肉…2枚
サラダ油…大さじ2
片栗粉…大さじ4
A しょうゆ…大さじ4
みりん…大さじ4
酒…大さじ2
砂糖…小さじ4

作り方

1 鶏むね肉を開いて厚みを均等にし、片栗粉をまぶす。

2 フライパンに油をひき、1を皮目がパリッとするまで焼いたら裏返し、中まで火が通るように中火で焼く。

3 2によく混ぜたAを加え、とろみがつくまでからめながら煮詰めたら完成。

ずるうまPOINT

2で裏面を焼く時にフタをするとふっくらと仕上がります。

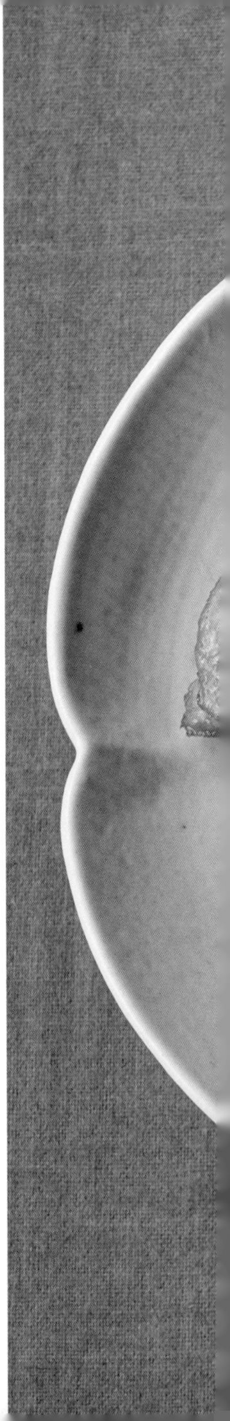

[1食あたり]

円

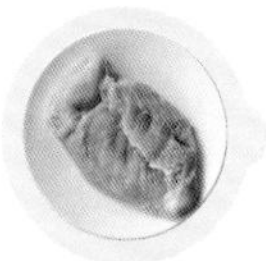

ITEM | 鶏むね肉

むね肉としょうがダレでヘルシーに！

コスパ神クラスの青椒肉絲（チンジャオロースー）

材料 2人分

鶏むね肉…1枚
冷凍パプリカ…150g
塩…小さじ1/4
A | 姜葱醤…大さじ1
　| オイスターソース…大さじ3
サラダ油…大さじ2
B | 水…大さじ1
　| 片栗粉…小さじ1

作り方

1. 鶏むね肉は左右に開き、1cmほどの細切りにし、塩をふる。
2. フライパンに油をひき、鶏むね肉、パプリカの順で強火で炒め、肉の色が変わったら具材を取り出しておく。
3. 2のフライパンに残った汁にAを加えて軽く沸騰させたら、具材を戻す。
4. Bを加えて中火で手早く炒め、ソースと具材をからめたら出来上がり。

ITEM | 鶏むね肉

鶏むね肉だけどしっとり

ヘルシーチャーシュー

材料 2人分

鶏むね肉…1枚

A
- すき焼きのたれ…50mℓ
- しょうゆ…40mℓ
- 酒…30mℓ
- しょうがすりおろし…1片分
- にんにくすりおろし…1/2片分

作り方

1 鶏むね肉を左右に開き、厚みを均等にする。

2 袋に1、Aを入れ1時間ほど漬ける。

3 2の肉を巻いてラップで3重に包み、両端をキャンディ状にしぼったら耐熱皿にのせ、レンジで6分加熱。レンジから取り出したら粗熱を取る。

4 ラップを外したらフライパンで全体に焼き目がつくまで転がしながら焼き、残ったタレを煮からめて完成。

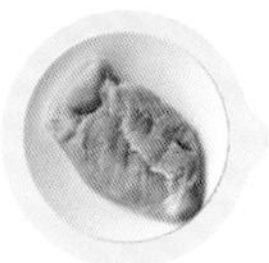

ITEM | 鶏むね肉

いっぺんに作ってお弁当にも大活躍!

野菜とチーズの満腹肉巻き

材料 2人分

鶏むね肉…1枚
アスパラガス…3本
スライスチーズ…2枚
塩…少々
こしょう…少々
バター20g
A | 粒マスタード…小さじ2
  | ハチミツ…小さじ2
  | しょうゆ…小さじ1
水…100mℓ

作り方

1 鶏むね肉は厚みが均等になるように開き、塩、こしょうをふる。

2 むね肉の上にチーズ、アスパラガスを置き、くるっと巻いたら端を楊枝で止める。

3 フライパンにバターを入れて温め、2の巻き終わりが下になるように置き、まんべんなく焼き色がついたら水(50mℓ)を加え、ふたをして中火で5分ほど蒸し焼きにする。

4 Aと残りの水を加え、ふたをして中火で4分蒸し焼きにしたら完成。

[1食あたり]
149円

ITEM | 鶏手羽元

甘くてサクサクの衣が絶品

ジューシー竜田揚げ

材料 2人分

鶏手羽元…6本

A | すき焼きのたれ…大さじ2
　| しょうがチューブ…3cm

片栗粉…適量

サラダ油…適量

作り方

1 手羽元は骨に沿って切れ目を入れ開いたら、Aと一緒に袋に入れ20分ほど漬け込む。

2 1の袋に片栗粉を加え、手羽元に均等にいきわたるよう、ふりながら混ぜる。

3 フライパンに2cmほど油を入れて熱し、180℃で5分ほど揚げ焼きにしたら出来上がり。

ずるうまPOINT

フライパンをゆすりながら揚げるときれいにできます！

ITEM | 鶏手羽元

胃が疲れた朝に食べたい
さっぱりメニュー

ねぎたっぷり
サムゲタン風

材料　2人分

A
- 鶏手羽元…6本
- 米…大さじ2
- しょうが…スライス2枚
- 冷凍青ねぎ…50g
- 塩…小さじ1/2
- こしょう…少々
- 水…2カップ

いりごま…適量
ごま油…適量

作り方

1 炊飯器にAを入れ、炊飯する。

2 皿に盛り、いりごま、ごま油をかけたら出来上がり。

ずるうまPOINT

カットしたごぼうを入れるとさらに本格的な味わいに。

[1食あたり]
164円

ITEM | 鶏手羽元

作り置きとしても大活躍!

手羽元のトマト煮

材料 2人分

鶏手羽元…6本
バター…20g
冷凍ミックスベジタブル…150g
A | トマト缶…400g
　| フライドオニオン…15g
B | カレー粉…小さじ1
　| コンソメ…1/2個
　| 水…50mℓ

作り方

1 鍋にバターと手羽元を入れて中火に熱し、手羽元に焼き目がついたらいったん取り出す。

2 鍋にAを入れ2/3程度になるまで煮詰める。

3 2にBと冷凍ミックスベジタブルを加えたら火にかける。手羽元をもどし入れ5分ほど煮込んだら完成。

ITEM | 鶏手羽元

朝ごはんに出したら大喜びされる!

じんわり鶏がゆ

材料 4人分

A | 鶏手羽元…6本
塩…ひとつまみ
しょうがスライス…4枚
水…1ℓ

ごはん…200g

B | パクチー…適量
フライドオニオン…適量

作り方

1 鍋にAを入れて強火で熱し、沸騰したらアクを取りながら10分ほど煮る。

2 手羽元をいったん取り出し、ごはんを入れて中火で10分煮る。

3 手羽元をもどし入れ、温まったらお好みでBをちらして完成。

ずるうまPOINT

アクをしっかり取ると上品な味わいになります。

ITEM | 鶏手羽元

お酢の力で肉が驚きのやわらかさに

酸味がやさしいさっぱり煮

材料 2人分

A
- 鶏手羽元… 6本
- ゆずぽん酢…100㎖
- 水…300㎖

乾燥ワカメ… 4g

作り方

1 ワカメは水(分量外)でもどしておく。

2 鍋にAを入れ、落としぶたをして、中火で15分煮る。

3 ワカメを加え、サッと煮たら完成。

ずるうまPOINT

3で煮すぎると磯臭くなるので注意!

第3章

「おかわり!」の声がとまらない主食レシピ

今夜の献立は何にしよう?
四六時中お腹を空かせた
育ち盛りの子供も、夫も、
もちろん作った自分も大満足!
ボリュームたっぷりで、
肝心のお味もお約束します。

/1000g\

ITEM | たこぶつ

スペインのおふくろの味を自宅で再現

たこの塩レモンパエリア

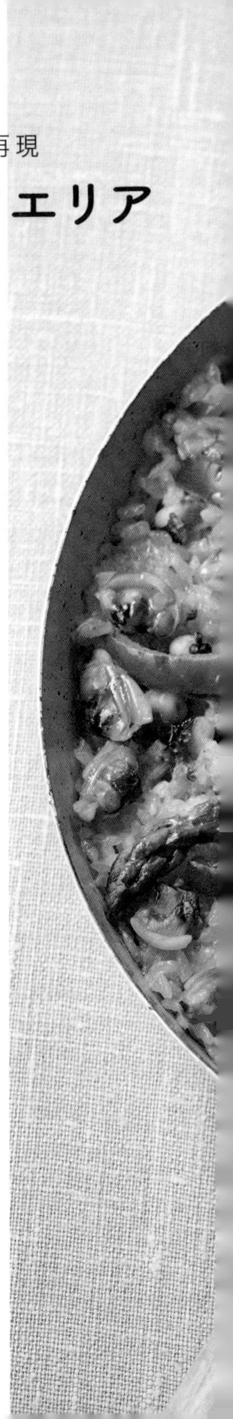

材料　4人分（直径26cmフライパン使用）

A
- たこぶつ…200g
- むきあさり…100g
- 冷凍パプリカ…40g
- アスパラ…3本
- 米…2合

B
- 塩レモン…大さじ2
- 白ワイン…60mℓ
- 水…350mℓ
- にんにくチューブ…3cm
- カレー粉…小さじ1
- こしょう…少々
- 塩…少々

オリーブオイル…大さじ1

作り方

1 Bをよく混ぜておく。アスパラは半分に切っておく。

2 フライパンにA、1を入れ、強火にかける。

3 沸騰したら、ふたをして弱火で20分ほど炊く。最後に強火にしてフチから鍋に沿ってオリーブオイルを回し入れたらすぐに火を止めて完成。

[1食あたり]

185円

ITEM | 鶏もも串

パンと一緒に素敵な朝食を♪

/ 50本 \

和風ワンパンクリームパスタ

材料 1人分

鶏もも串…3本
水…400㎖
A | なめたけ…大さじ2
　| シチュールー…2かけ（2皿分）
　| しょうゆ…小さじ1
刻みのり…適量
スパゲティ…80g

作り方

1 鶏もも串は解凍し、串から外す。

2 小鍋（直径17㎝）に水を入れ、沸騰したら半分に折ったスパゲティを入れ、時々混ぜながら中弱火で袋の表示時間より2分短くゆでる。

3 2の鍋に1、Aを加え、混ぜながら弱火で2分ほど煮る。

4 皿に盛り、刻みのりをちらしたら出来上がり。

ずるうまPOINT

他のきのこを
入れても
おいしいよ。

ITEM | 大粒むきえび

/ 300g \

無限に食べたくなる揚げ焼きパン

ぷりぷりえびトースト

材料 2人分

大粒むきえび…300g
冷凍刻みたまねぎ…100g
フランスパン
…20cm(食パンでもOK)
A | 塩…小さじ1/2
ナンプラー…小さじ1
片栗粉…大さじ1
油……適量

作り方

1 えびと刻みたまねぎは解凍後、水けをきっておき、フランスパンは10cm長さに切り、さらに縦半分に切る。

2 えびの半分をざく切りに、もう半分は玉ねぎと一緒に叩いてペースト状にしたらAを加え、全体をよく混ぜる。

3 パンの平らな面に2を塗り、180℃の油でえびペースト側を下にして2分ほど揚げ焼きにしたら完成。

/500g\

ITEM | 赤魚

下ごしらえ5分で激ウマ!

赤魚の炊き込みごはん

材料 4人分

赤魚…2尾
米…2合
A | しょうゆ…大さじ2
 | 酒…大さじ2
 | みりん…大さじ2
 | だしの素…小さじ2
しょうが…1片
小ねぎ…3本

作り方

1 炊飯器に研いだ米とAを加えたら、2合のメモリまで水を加えて軽く混ぜる。

2 赤魚、針しょうがにしたしょうがを加えて炊飯する。

3 炊き上がったら、赤魚を皿に取り出し、太い骨を取り除いたら、魚の身と小口切りにしたねぎを炊飯器にもどし混ぜ合わせて完成。

[1食あたり]
140円

ITEM | 合鴨ロース

そば屋の人気メニューを自宅で完全再現!

/ 190g \ めちゃラク鴨南蛮そば

材料 2人分

合鴨ロース…100g
長ねぎ…1本
A | 麺つゆ(3倍濃縮)
　…1カップ
　水…3カップ
そば…2玉

作り方

1 そばは袋の表示通りゆで、流水で締める。

2 小鍋にA、5センチ幅にカットした長ねぎを入れ温める。

3 沸騰した2にそぎ切りにした合鴨ロースを加え、軽く温め火を止める。

4 3に1のそばを入れ温めたら器に盛り付けそぎ切りにした長ねぎをちらして完成。

ずるうまPOINT

流水でしめると
のびづらく
なります!

[1食あたり]
68円

ITEM | 辛子めんたいこバラコ

/ 450g \

枝豆が素敵なアクセント♪

枝豆と明太子のピリ辛おにぎり

材料 2人分

辛子めんたいこ…大さじ2
冷凍枝豆…50g
ごはん…200g

作り方

1 ボウルに温かいごはん、明太子、解凍した枝豆を入れて混ぜ合わせる。

2 やさしくおにぎり形にしたら完成。

ずるうまPOINT

食べる直前にチンをしてもおいしい。

ITEM | 紅白なます

ちょっとしたパーティー気分♪

/1000g\ 鮭となますのプチプラちらし

材料 4人分

紅白なます…200g
ごはん…300g
鮭フレーク…50g
いりごま…小さじ2
絹さや…4本

作り方

1 ごはんに解凍したなます、いりごまを入れ、混ぜる。

2 グラスに1と鮭フレークを交互に入れる。

3 サッとゆでた絹さやを添えたら完成。

ずるうまPOINT
解凍したなますを
そのまま混ぜると
酢飯のように！

/500g\

ITEM | ごぼうにんじんミックス

甘辛タレがたまらないおいしさ

どこか懐かしいライスバーガー

材料　2人分

ごぼうにんじんミックス…200g
鷹の爪…1本
A
- 砂糖…大さじ1
- 酒…大さじ1
- みりん…大さじ1
- しょうゆ…大さじ1

白ごま…小さじ1
油…適量
B
- ごはん…300g
- 片栗粉…小さじ2

しょうゆ、みりん…各小さじ1
焼きのり…適量
レタス…1枚

作り方

1 フライパンに油をひき中火にかけ、タネを取り輪切りにした鷹の爪、ごぼうにんじんミックスを加え炒める。

2 Aを1に入れ、汁けがなくなるまで炒め、白ごまをちらす。

3 Bを混ぜ、直径15cm程度の丸皿に油を塗って詰め、上からギュッギュッと押し固めてバンズを4枚作る。

4 フライパンに油をひき、3を中火で両面こんがりと焼き、さらにしょうゆとみりんを合わせたタレをハケで塗り両面を焼く。

5 バンズ1枚に焼きのり、レタス、2をのせ、もう1枚でサンドしたら完成。

[1食あたり]
65円

[1食あたり]

139円

/ 400g \

ITEM | 豚ミンチ

タイの定番レシピを時短アレンジ

中華風ガパオライス

材料 2人分

豚ミンチ…150g
中華野菜ミックス…250g
にんにく…1片
焼肉のたれ…大さじ2
ごま油…小さじ1
卵…2個
ごはん…茶碗2杯分

作り方

1 フライパンに豚ミンチ、みじん切りにしたにんにくを入れ中火にかけ、肉から脂が出るまで炒める。

2 肉が茶色く色付いたら、中華野菜ミックスを入れてさらに炒める。

3 焼き肉のタレとごま油を入れ、汁けがなくなるまで炒めてごはんにのせる。

4 カリカリに焼いておいた目玉焼きをのせたら完成。

ずるうまPOINT

ごま油は最後に入れると香りがよくなります。

[1食あたり]
70円

ITEM | ちりめん

時間がない朝でも手軽にできる

/ 250g \ しらすトースト

材料 2人分

ちりめん…40g
6枚切り食パン…2枚
A | マヨネーズ…大さじ1
　| しょうゆ…小さじ1/2
　| わさびチューブ…1cm
溶けるチーズ…40g
刻みのり…適量

作り方

1 ちりめんとAをよく混ぜたら食パンに塗り、チーズをのせトースターで焼く。

2 好みで刻みのりをのせたら完成。

ずるうまPOINT

のりの代わりに
大葉をのせると
さわやかな味わい。

［1食あたり］
131円

/ 500g \

ITEM | さば竜田揚げ

揚げ物をトッピングするだけでご馳走気分

The サバそば

材料　2人分

さば竜田揚げ… 8切れ
そば… 2玉
麺つゆ（3倍濃縮）… 1カップ
水… 3カップ
長ねぎ…10センチ
かつお節…適量

作り方

1 そばは袋の表示通りにゆで、冷水で締める。

2 鍋に麺つゆと水を入れ温めておく。

3 フライパンで竜田揚げを少量の油で両面を揚げ焼きにして取り出しておく。

4 1を2に加え温めたら器に入れ、3とかつお節、小口切りにした長ねぎをトッピングして完成。

ずるうまPOINT

竜田揚げの衣から出る油がつゆに深みを与えます。

[1食あたり]
65円

ITEM | さば竜田揚げ

これは日本のハンバーガーだ

/500g\ サバ竜田揚げむすび

材料 4個分

さば竜田揚げ…4切れ
ごはん…400g
焼きのり…2枚
A | ゆずぽん酢…大さじ1
酒…大さじ1
砂糖…大さじ1
ごま油…小さじ1
豆板醤…小さじ1/2
サラダ油…適量

作り方

1 Aを鍋で温め、沸騰直前で火を止める。

2 フライパンで竜田揚げを揚げ焼きにしたら、1をからめる。

3 2をごはんと一緒におにぎりにして、焼きのりを巻いたら完成。

/ 500g \

ITEM | 冷凍青ねぎ

大人はもちろん子供のおやつもピッタリ

超シンプルねぎ焼き

材料 2枚分

冷凍青ねぎ…450g

A
- 卵…1個
- 水…50mℓ
- だしの素…小さじ1/2
- 塩…少々
- 薄力粉…80g

ソース…適量

マヨネーズ…適量

ゆずぽん酢…適量

かつお節…適量

サラダ油…小さじ2

作り方

1 冷凍青ねぎは解凍し、水けをきっておく。

2 ボウルにAを入れよく混ぜ、1を加えさらに混ぜる。

3 フライパンに油をひいて温め、2の半量を流し入れ丸く整える。中火で2分焼き、裏返したらふたをして3分蒸し焼きにする。

4 ふたを外して強火で両面をサッと焼く。同じようにもう一枚焼いたら、お好みでポン酢、あるいはソース、マヨネーズ、かつお節をかけて出来上がり。

［1食あたり］
173

ITEM｜グリーンカレーペースト

意外な組み合わせだけどこれがうまい！

/ 400g \

グリーンカレーちからうどん

材料　2人分

鶏手羽元…４本
油揚げ…１枚
長ねぎ…１本
１升もち…２個
A｜水…１カップ
　｜ココナッツミルク…１カップ
　｜白だし…小さじ１
　｜グリーンカレーペースト
　｜　…大さじ２
油…適量
讃岐うどん…２玉

作り方

1 油をひいたフライパンで肉を焼き、半分ほど火が通ったらAを入れ混ぜ合わせる。

2 沸騰しないように温め、大きめの短冊切りにした油揚げ、斜め切りにした長ねぎ、うどんを入れてゆでる。

3 もちはトースターで焼いておく。

4 器に2をよそい、3をのせたら完成。

ITEM | たこぶつ

小料理屋で食べた
あの味を食卓で再現

/1000g\

ダシうまたこ飯

材料　4人分

たこぶつ…200g
米…2合
しょうが…2片
A | 酒…大さじ2
  | しょうゆ…大さじ2
  | みりん…大さじ2
  | ダシの素…小さじ2
小ねぎ…3本

作り方

1 米は研いでザルに上げておく。しょうがは針しょうがにしておく。

2 炊飯器に米、Aを入れスプーンでひと混ぜし、たこぶつとしょうがを入れ炊飯する。

3 炊けたら小口切りにした小ねぎを入れ、全体をさっくり混ぜたら完成。

ずるうまPOINT

たこのうま味を
ギュッと濃縮！

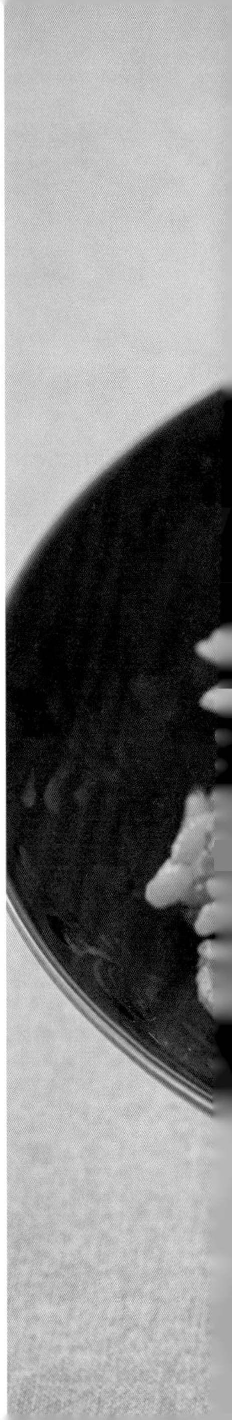

[1食あたり]
178円

/ 50本 \

ITEM | 鶏もも串

カフェ風サンドを自宅でどうぞ

てりやきチキントースト

材料 1人分

鶏もも串…3本
食パン…1枚
A | すき焼きのたれ…大さじ1
  | 砂糖…小さじ1/2
B | からしチューブ…3cm
  | マヨネーズ…大さじ1
ピザチーズ…大さじ1
小ねぎ…1/2本

作り方

1 焼き鳥を解凍し、串から外してAをからめておく。

2 Bを混ぜ合わせて食パンに塗り、1とピザチーズをのせトースターで3分ほど焼き、小口切りにした小ねぎをちらしたら出来上がり。

ずるうまPOINT

からしを
多めにすると
大人向けの味に。

［1食あたり］
168円

ITEM | 鶏もも串

今日からカレーもネオジャポニズム

/ 50本 \ 和風焼き鳥カレー

材料 2人分

鶏もも串…8本
カレールー…2かけ
ワサビチューブ…10cm
塩…少々
サラダ油…大さじ1
玉ねぎ…1/4個
揚げなす乱切り…100g
A | かつお節…2.5g
　| 水…2カップ

作り方

1 鶏もも串は解凍して、塩とワサビをまんべんなく塗る。フライパンに油と鶏もも串を入れ、強火で焼き目が付くまで焼き、取り出したら半分（4本）は肉を串から外す。

2 くし切りにした玉ねぎ、揚げなす、串から外した鶏もも肉をフライパンに入れて炒める。

3 玉ねぎが透明になったらAを入れて強火にし、沸騰したら中火で5分煮る。

4 火を止め、カレールーを入れよく混ぜ溶かしたら、弱火で3分煮る。盛り付けの際に串に刺さったままの残りの焼き鳥を添えたら完成。

/1000g\

ITEM | たこぶつ

関西人も「うまい」とうなる本格派

丸くない角たこ

材料 2人分

たこぶつ…100g

A
- 薄力粉…60g
- 卵…1個
- 水…150mℓ
- だしの素…小さじ1

紅しょうが…15g
天かす…大さじ2
サラダ油…適量
ソース…適量
かつお節…適量
青のり…適量

作り方

1 たこはレンジで1分30秒加熱し、水けをきっておく。紅しょうがはみじん切りにし、Aとともによく混ぜておく。

2 玉子焼き器に油をまんべんなくひき、中火で熱して1の1/3量を流し入れ、たこと天かすを1/3量ずつ広げて1分ほど中火で焼く。

3 奥から手前に生地を折り返して、中弱火で1分焼く。この作業を3回繰り返し、最後は強火で両面を30秒ずつ焼く。

4 お好みでソース、かつお節、青のりをかけたら完成。

[1食あたり]
160円

/1000g\

ITEM | とろろ

からだに良くてモリモリおいしい！

ネバトロ卵黄ごはん

材料　1人分

とろろ…50g
オクラ…２本
納豆…1/2パック
卵黄…１個
だししょうゆ…小さじ1/2
ごはん…茶碗１杯

作り方

1. 冷凍オクラをラップで包み、レンジで１分30秒加熱する。
2. １を輪切りにし、納豆はタレを入れて混ぜておく。
3. ごはんの上に、解凍したとろろ、１をのせ、中央に卵黄を落として、だししょうゆをかけたら完成。

ずるうまPOINT

のせる前に
しっかり混ぜ
合わせてもOK。

[1食あたり]
96円

ITEM | むきあさり

/ 500g \

そのうまさ、ノンストップ

菜の花とあさりのワンポットパスタ

材料 2人分

スパゲティ…160g
菜の花…200g
むきあさり…100g
にんにく…1片
鷹の爪…1本
水…500mℓ
塩…小さじ1
粗挽きこしょう…少々
オリーブオイル…大さじ2

作り方

1 フライパンにみじん切りにしたにんにくと輪切りにした鷹の爪、オリーブオイルを入れ中火で香りが出るまで炒める。

2 菜の花、あさりを凍ったまま入れ、中火で炒め合わせる。

3 2に水、塩を入れ、半分に折ったスパゲティを加え、袋の表示時間より2分長くゆで、仕上げに粗挽きこしょうをふったら完成。

第4章

手間いらずでプロの味!?

調味料使い切りレシピ

「料理が苦手」だと
諦めるのはまだ早い。
人気の調味料さえキッチンにあれば、
味がきっちり決まります。
料理のバリエーションを
広げましょう。

/1000ml\

ITEM | 銀の胡麻ドレッシング

サラダ感覚でもりもり食べたい

坦々バンバンジー

材料　2人分

鶏むね肉…1枚
きゅうり…1本
トマト…1個
酒…大さじ1
塩こしょう…少々
A
銀の胡麻ドレッシング…大さじ4
ラー油…小さじ1
ごま油…小さじ1/2

作り方

1 耐熱容器に鶏むね肉を入れ、火の通りをよくするためにフォークで数カ所突き刺す。

2 1に酒、塩こしょうをしてふわっとラップをかけ5分加熱する。

3 細切りにしたきゅうり、薄切りにしたトマト、2のむね肉を手で細かくさいて皿に盛り付ける。

4 Aを混ぜたタレを3にかけたら完成。

ずるうまPOINT

蒸した鶏肉の水けをしっかりきると水っぽくならない。

[1食あたり]
175円

ITEM | 焼肉のたれ

5分でできるやみつきレシピ

/ 1138g \

絶品！ マグロのたたきユッケ

材料 2人分

まぐろのたたき…150g
焼肉のたれ（下味用）…大さじ2
焼肉のたれ（仕上げ用）…小さじ1
卵黄…2個

作り方

1 ボウルにまぐろのたたき、焼肉のタレを入れよく混ぜ合わせる。

2 皿に1を盛り付け、中央にくぼみを作って卵黄を落としたら、仕上げ用のタレをかけて完成。

ずるうまPOINT

お好みで青ねぎをちらしても。

[1食あたり]
50円

ITEM | すき焼きのたれ

止まらない、やめられない！

/ 1216g \

さといもの甘辛揚げ

材料 2人分

A | すき焼きのたれ…大さじ2
　| コチュジャン…小さじ1/4

さといも…200g
片栗粉…大さじ1
サラダ油…適量

作り方

1 Aは混ぜておき、さといもには片栗粉をまぶす。

2 さといもを160℃の油で3～4分揚げ、揚げたらすぐにAをからめて完成。

ずるうまPOINT

辛いのが好きな人は
コチュジャンを
豆板醤に替えても。

/ 1216g \

ITEM | すき焼きのたれ

ごはんのおかずにもお酒のつまみにも

牛肉のしぐれ煮

材料　2人分

牛ロース切り落とし…200g
しょうが…20g
A | すき焼きのたれ…50mℓ
水…50mℓ
しょうゆ…小さじ2
酒…大さじ1

作り方

1 牛肉は食べやすい大きさに、しょうがは千切りにしておく。

2 鍋にAを入れ、強火で沸騰させる。

3 2に1を入れ、中弱火で汁がなくなるまで煮からめたら完成。

ずるうまPOINT

2の工程で汁をしっかり煮詰めると、おいしくなります。

ITEM | すりおろし玉ねぎドレッシング

/1000ml\

メインディッシュと合わせたいごちそうパン

オニオンオープンサンド

材料 4枚分

すりおろし玉ねぎドレッシング
…小さじ4
フランスパン…4枚
溶けるチーズ…適量

作り方

1 すりおろし玉ねぎドレッシングを小さじ1ずつ、フランスパンの上面全体にスプーンでしみ込ませる。

2 溶けるチーズをのせ、トースターで2～3分焼いたら完成。

ずるうまPOINT

薄味好きなら、
ドレッシングは
小さじ1/2でもOK。

/ 700g \

ITEM | オイスターソース

お金がなくたって食事は楽しい!

かき飯風炊き込みごはん

材料 4人分

米…2合
エリンギ…100g
バター…10g
A | オイスターソース…大さじ2
  | しょうゆ…大さじ1
  | 酒…大さじ2
  | 水…350mℓ
小ねぎ…2本

作り方

1 エリンギは手で食べやすいサイズにさく。

2 フライパンにバターを入れて熱し、エリンギを焼き目が付くまで焼く。

3 米、エリンギ、Aを炊飯器に入れ軽く混ぜ合わせたら炊飯する。

4 茶碗に盛りつけたら、小口切りにした小ねぎをちらして完成。

ITEM | オイスターソース

今すぐビールが飲みたくなる!

/ 700g \ ピータン風豆腐

材料 2人分

A | ゆで卵(沸騰後8分ゆで)…2個
A | オイスターソース…大さじ1
A | ごま油…小さじ1

豆腐…2丁
ラー油…少々
長ねぎ…適量

作り方

1 Aを袋に入れ、半日漬け込む。

2 豆腐に1をのせ、袋に残ったつけ汁、ラー油を回しかけ、白髪ねぎにした長ねぎを添えたら完成。

ずるうまPOINT

卵をくずしながら
食べると絶品!

ITEM｜銀の胡麻ドレッシング

意外な組み合わせだけど絶妙にハマる！

かつぶし香るポテトフライ

材料 作りやすい量

A｜銀の胡麻ドレッシング…大さじ2
｜マヨネーズ…大さじ1
かつお節…2.5g
フライドポテト…200g
サラダ油…適量

作り方

1 かつお節は袋のまま手で強くもんで粉状にする。

2 フライドポテトを揚げる。

3 Aとかつお節を混ぜ合わせたら、フライドポテトにかけて完成。

ずるうまPOINT

かつお節の代わりに
みじん切りにした
ガリを入れても！

[1食あたり]
77円

/ 700g \

ITEM | オイスターソース

ソースのうま味がたまらないベトナム風お好み焼き

それはまるでバインセオ

材料 2人分

A
- 中華野菜ミックス…300g
- カーネルコーン…30g
- オイスターソース…大さじ1
- 鶏ガラスープの素…小さじ1/2

B
- 卵…1個
- 片栗粉…小さじ1
- 水…大さじ1

ごま油…小さじ4

作り方

1 中華野菜ミックス、カーネルコーンは解凍しておく。

2 フライパンにごま油小さじ2をひき、Aを炒めたら取り出す。

3 フライパンにごま油小さじ2をひき、混ぜ合わせたBの半量を流し入れ、軽く焼き色がつくまで焼く。同様にもう1枚焼く。

4 卵を皿に取り出し、炒めた具を挟んで完成。

ITEM | 焼肉のたれ

/ 1138g \

放っておくだけでできる、魔法のドレッシング

高級焼肉店風ドレッシング

材料 作りやすい量

焼肉のたれ…100mℓ
冷凍刻みたまねぎ…40g
酢…30mℓ
サラダ油…30mℓ

作り方

すべての材料を混ぜ、半日おいたら出来上がり。

ずるうまPOINT

甘口のタレを使うと
小さいお子さんでも
喜んで食べます。

[1食あたり]
85円

ITEM | 姜葱醤

トマトの果汁とタレの相性を楽しむ

/ 180g \ ねぎしょうが冷やしトマト

材料 1個分

トマト(大)… 1個
姜葱醤…大さじ1.5
エキストラバージンオリーブオイル…小さじ1/2

作り方

1 トマトのヘタを取り、ヘタの反対面に十字に浅く切れ目を入れる。

2 湯を沸かし、トマトを湯むきする。

3 袋にすべての材料を入れたら空気を抜いてしばり、冷蔵庫で2時間ほどおいて完成。

ずるうまPOINT

湯むきしたミニトマトでもおいしい。

[1食あたり]
28円

/1000㎖\

ITEM | すりおろし玉ねぎドレッシング

もう一品欲しいときに大助かり

パプリカのピクルス

材料 作りやすい量

すりおろし玉ねぎドレッシング
…大さじ1
冷凍パプリカ…100g
レモン汁…大さじ1

作り方

材料すべてを袋に入れ、冷蔵庫で一晩おいたら完成。

ずるうまPOINT

半日たった状態の浅漬けもおいしい。

ITEM | 焼肉のたれ

/ 1138g \

丸ごと一本買ったらまずは試して!

ごちそう大根ステーキ

材料 2人分

大根…8cm
焼肉のたれ…100mℓ
油…大さじ1
七味唐辛子…適量

作り方

1 大根の皮をむき、2cm幅に切り、両面に十字の切り込みを入れる。

2 袋に焼肉のタレを入れ、1時間漬け込む。

3 耐熱皿に大根を入れ、ラップをしてレンジで3分加熱する。

4 フライパンに油をひき、3の両面に焼き目をつけ、2の袋に残っていたタレを入れてからめ、七味をふったら出来上がり。

ずるうまPOINT

フライパンだけでもできますが、レンジを使うと時短!

ITEM | ゆずぽん酢

休日の昼食にピッタリ

きのことベーコンのポン酢パスタ

/1092g\

材料 2人分

スパゲティ…160g
お好きなきのこ…2パック
ベーコン…2枚
オリーブオイル…大さじ2
にんにく…1片
ゆずぽん酢…大さじ4
塩こしょう…適量

作り方

1 スパゲティは袋の表示通りゆでる。

2 フライパンにみじん切りにしたにんにく、短冊切りにしたベーコン、オリーブオイルを入れ火にかけ香りが出たら石づきを取ってほぐしたきのこを入れ炒める。

3 きのこがしんなりしてきたら塩こしょうをして1を入れ軽く炒め、仕上げにぽん酢を加えて混ぜ合わせたら完成。

第5章

即リピ決定！
やみつきおかずレシピ

いつものおかずに飽きたら挑戦したい、
簡単にできるのに味は
間違いなしのテッパンレシピ。
「またあれが食べたいなあ」
の声が聞こえてくるはず。

\500g\

ITEM｜冷凍ミックスベジタブル

肉汁たっぷりのふわふわ食感

おもてなし ミートローフ

材料　6人分

冷凍ミックスベジタブル…100g
牛豚合挽ミンチ…400g
パン粉…40g
牛乳…150mℓ
卵…１個
塩…小さじ1
ベーコン…４枚

作り方

1 パン粉は牛乳に浸しておき、卵は溶いておく。

2 ボウルにひき肉と塩を入れしっかり混ぜ、ミックスベジタブルと1を入れて混ぜる。

3 炊飯器の底にベーコンを敷き、2をのせたら、炊飯する。

ずるうまPOINT

肉の粘り気が出るまで混ぜてから他の具材を加える！

[1食あたり]
121円

/1000g\

ITEM | 牛赤身スジ肉

お手頃価格で食べ応えもあり!

炊飯器
ビーフシチュー

材料 2人分

牛赤身スジ肉…500g
塩…少々
こしょう…少々
ベルギーミニポテト…100g
にんじん…100g
ローリエ…1枚
赤ワイン…100mℓ
水…1カップ
市販のデミグラスソース…200g
赤みそ(みそでも可)…小さじ1

作り方

1 にんじんは皮をむいて食べやすい大きさに切る。

2 すべての材料を炊飯器に入れて炊飯する。

3 皿に盛り付けたら完成。

ずるうまPOINT

アクを取らないことで、素材のうま味をまるごと堪能する。

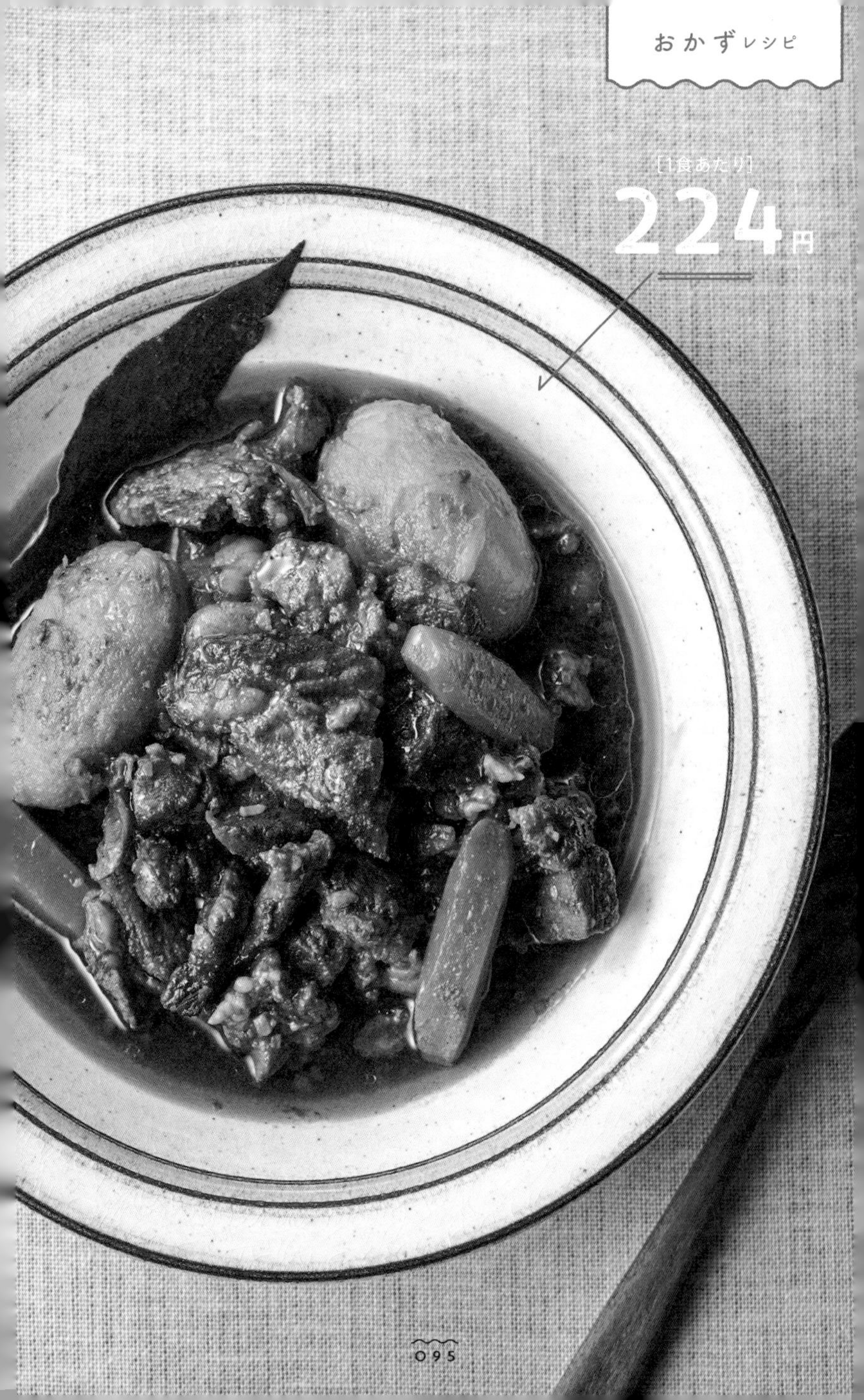
[1食あたり]
224円

[1食あたり]
207円

/1000g\

ITEM | 紅白なます

気がついたらお腹に消えるうまさ!

瞬殺サムギョプサル

材料 2人分 ※撮影は1人前

A | 紅白なます…200g
| コチュジャン…小さじ4
| ごま油…小さじ2

豚バラスライス…180g
塩…少々
こしょう…少々
ごま油…小さじ4
サンチュ…8枚

作り方

1 豚バラスライスは塩、こしょうをふりごま油で焼いたら、取り出しておく。

2 1のフライパンにAを入れ、混ぜながら焼き水分を飛ばす。

3 サンチュに豚バラと2のナムルを巻いて食べる。

[1食あたり]
122円

ITEM | むきあさり

濃いめの味付けだけど後味さっぱり

/ 500g \

あさりのやみつき佃煮

材料 2人分

むきあさり…200g

A
- 姜葱醤…大さじ2
- 水…100mℓ
- 酒…大さじ1
- 濃口しょうゆ…小さじ2
- みりん…大さじ2
- 砂糖…小さじ2

作り方

1 むきあさりは解凍しておく。

2 鍋にAを入れ、沸騰したら1を入れ、汁けがなくなるまで中強火で煮たら完成。

ずるうまPOINT

しっかりと煮て
味をギュッと
閉じ込めます。

500g

ITEM | オクラ

ピリ辛だけどこっくりとした味付けのごはん泥棒

オクラと豚肉の中華炒め

材料 2人分

オクラ…150g
豚こま肉…100g

A
- 中華調味料(赤)…小さじ1
- 砂糖…小さじ1/4
- 塩…小さじ1/2
- ごま油…大さじ1

B
- 片栗粉…小さじ1
- 水…小さじ2

マヨネーズ…お好みで
水…50mℓ

作り方

1. フライパンにAを入れ、弱火で香りが立つまで熱し、豚肉と凍ったままのオクラ、水を加えふたをして中火で4分熱する。
2. 火を止め、混ぜ合わせたBを1に加え弱火で炒める。
3. お好みでマヨネーズを添えて完成。

［1食あたり］
85円

/ 500g \

ITEM | むきあさり

ふわふわ卵とほうれん草のマリアージュ

あさりとほうれん草の卵とじ

材料 2人分

むきあさり…100g
ほうれん草…1/2束…100g
A | 水…130mℓ
薄口しょうゆ…小さじ2
酒…大さじ1
塩…ひとつまみ
砂糖…ひとつまみ
卵…2個

作り方

1 むきあさりは解凍しておき、卵は溶いておく。

2 鍋にAを入れ沸かし、むきあさりとほうれん草を入れ30秒ほど煮る。

3 2を沸騰させ、卵を回し入れ5〜10秒ほどで火を止めたら完成。

/ 500g \

ITEM | 揚げなす乱切り

ごはんにたっぷりのせたい！

和風 マーボーナス

材料 2人分

揚げなす乱切り…250g

A | 牛豚合挽ミンチ…50g
  | 姜葱醤…小さじ1

B | 焼肉のたれ…50ml
  | みそ…小さじ1
  | 酒…50ml
  | 水…100ml

C | 片栗粉…小さじ1
  | 水…大さじ1

ラー油…適量

小ねぎ…2本

作り方

1 Bはボウルなどに合わせてよく溶いておく。

2 フライパンにAを入れ、中火で脂が透明になるまで炒め、取り出しておく。

3 2のフライパンに1を入れ、沸騰したら揚げなすとひき肉を加え、5分ほど煮る。

4 火を止め、Cを加え弱火で軽く温め、お好みでラー油と小口切りにした小ねぎをちらしたら完成。

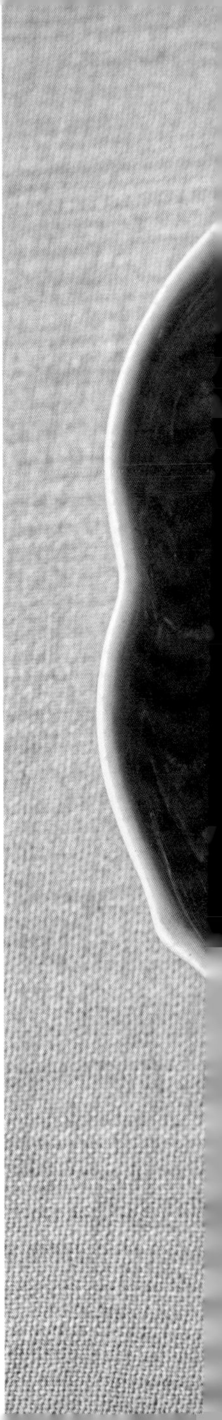

[1食あたり]

82円

ITEM | ちりめん

何にでも合う万能調味料！

/ 250g \

しらすオイル漬け

材料 作りやすい量

ちりめん…大さじ3
塩昆布…大さじ2
鷹の爪（輪切り）…少々
にんにく…2片
オリーブオイル…150mℓ

作り方

1 にんにくはスライスし、芽を取り除く。

2 材料を瓶に入れ、一晩漬けたら完成。

ずるうまPOINT

ゆでたパスタに
あえるだけで
ペペロンチーノに！

ITEM | 豚ミンチ

冷めてもおいしいのでお弁当にぴったり!

/400g\

豚肉みそ

材料 2人分

豚ミンチ…200g

A
- 姜葱醤…大さじ2
- しょうゆ…小さじ1
- みそ…大さじ1
- 白ごま…小さじ1/2

作り方

1. フライパンに豚ミンチを入れ、中火で炒める。
2. 豚ミンチから出た脂をキッチンペーパーでふき取り、Aを入れ、汁けが飛ぶまで炒めたら完成。

ずるうまPOINT

脂をしっかりとふき取ればくどくない!

/500g\

ITEM | かぼちゃ

子供も大人も安心、定番の味

モチモチかぼちゃもち

材料 2人分 4個

かぼちゃ…160g
片栗粉…大さじ2
バター…20g
サラダ油…適量

作り方

1 耐熱ボウルにかぼちゃを入れ、ふわっとラップをし、レンジで5分温める。

2 熱いうちに皮ごとつぶし、片栗粉を加えよく混ぜ合わせ、生地を4等分にして丸める。

3 油をひいたフライパンを熱し、2を並べて両面をこんがり焼く。

4 器に盛りバターをのせたら完成。

ずるうまPOINT

食べる直前にレンジで温めてからいただきましょう。

ITEM | 冷凍パプリカ

さっぱりとした後味で副菜に最適

パプリカとチキンのマヨ炒め

/ 500g \

材料 2人分

冷凍パプリカ…150g
鶏むね肉…1枚
A | マヨネーズ…大さじ1
　フレンチドレッシング…大さじ1
　塩…小さじ1/2
　ブラックペッパー…少々

作り方

1. 冷凍パプリカは解凍し、水けをきっておく。
2. 鶏むね肉は1cm厚さのそぎ切りにし、Aをもみ込む。
3. フライパンに2を並べて中火で3分焼き、パプリカを入れたら強火でサッと炒めて完成。

ずるうまPOINT

しっかりとした
味付けにしたいときは
塩を強めにふる。

ITEM | 菜の花

目と舌で春を楽しむ

菜の花とポテトのポタージュ

/ 500g \

材料 2人分

A | 菜の花…150g
ベルギーミニポテト…100g
牛乳…400mℓ
コンソメ…小さじ1

バター20g
塩…少々
こしょう…少々

作り方

1 鍋にAを入れて中火で熱し、ポテトがやわらかくなったら火を止めて、粗熱を取る。

2 ミキサーに1を入れ、なめらかになるまでよく混ぜる。

3 鍋に2をもどし入れて軽く温め、塩、こしょうで味をととのえたら器に盛り、仕上げにバターを加えて完成。

ずるうまPOINT

しっかりと
混ぜることで
なめらかな食感に。

ITEM | 冷凍刻みたまねぎ

野菜の甘さに思わず笑顔がこぼれる

/ 500g \

ほっこり玉ねぎポタージュ

材料　4人分

A | 冷凍刻みたまねぎ…200g
ベーコン…20g
水…150mℓ

B | 牛乳…100mℓ
塩…小さじ1
砂糖…小さじ1/2

オリーブオイル…適量
ブラックペッパー…適量

作り方

1 Aをミキサーに入れよく混ぜる。

2 1を小鍋に移し、中火で沸騰させる。

3 2にBを加えて温め、沸騰直前で火を止める。

4 お好みでオリーブオイルを回しかけ、ブラックペッパーをふったら完成。

ITEM | カーネルコーン

/ 500g \

みそラーメン気分で空腹を満たす！

コーンバターみそ玉

材料 1人分

カーネルコーン…大さじ2
有塩バター…5g
かつお節…小さじ1
みそ…小さじ2

作り方

1 かつお節は袋のままもみ、粉状にする。

2 ラップを広げ、すべての材料をのせて包む。

3 椀に入れた2に沸騰したお湯100〜150mℓをそそぎ、よく混ぜたら出来上がり。

ずるうまPOINT

バターを増やせば
満足度UP！

ITEM | 冷凍青ねぎ

おうちで作れるかんたんインスタント食品

/ 500g \

ねぎみそ玉

材料 1人分

冷凍青ねぎ…大さじ2
天かす…大さじ1
かつお節…小さじ1
みそ…小さじ2

作り方

1 かつお節は袋のままもみ、粉状にしておく。

2 ラップを広げ、すべての材料をのせて包む。

3 椀に入れた2に沸騰したお湯100～150mℓをそそぎ、よく混ぜたら完成。

ずるうまPOINT

かつお節の
代わりにダシの素を
入れてもOK。

/ 500g \

ITEM | 冷凍ゆで大豆

ヘルシーだけど存在感あり!

手ごね大豆バーグ

材料 2人分

冷凍ゆで大豆…100g
豚ひき肉…150g
卵… 1個
塩こしょう…少々
すりおろし玉ねぎドレッシング
…適量
サラダ油…適量

作り方

1 豚ひき肉、解凍して水けをきった大豆をボウルに入れ、塩こしょう、卵も加えたら、粘りが出るまでこねる。

2 油をひき温めたフライパンで、2等分にした1のタネを俵形にして焼く。

3 両面を薄くきつね色になるまで焼いたら、ふたをして10分ほど蒸し焼きにする。

4 お皿にハンバーグを盛り付け、お好みで玉ねぎドレッシングをかけたら完成。

ずるうまPOINT

大豆と肉の割合は、
お好みで
変えてください。

第6章

パパッと作れて失敗知らず
おつまみレシピ

遅くに帰ってきた旦那さんの晩酌や、
仕事で疲れて帰った日の
セルフ晩酌も手軽に作れて
大満足間違いなし。
ステイホームの時期だからこそ、
手作りおつまみで乾杯。

/ 450g \

ITEM | 辛子めんたいこバラコ

またの名を、ごはん泥棒

食べる明太子ラー油

材料　作りやすい分量

辛子めんたいこバラコ…50g

A
- ごま油…80mℓ
- にんにく（スライス）…2片分
- しょうが（みじん切り）…1片分
- 長ねぎ（みじん切り）…5cm分

B
- しょうゆ…小さじ1/2
- 豆板醤…小さじ1
- コチュジャン…小さじ1
- 米油（サラダ油でも可）…50mℓ

C
- ミックスナッツ（粗く刻む）…35g
- フライドオニオン…大さじ2

作り方

1 辛子明太子を解凍しておく。

2 小鍋にAを入れ弱火で香りが立つまで炒めたら、Bを加えよく混ぜる。

3 2にCと明太子を加え、沸騰したら火を止め粗熱を取る。

4 保存容器に入れたら完成。

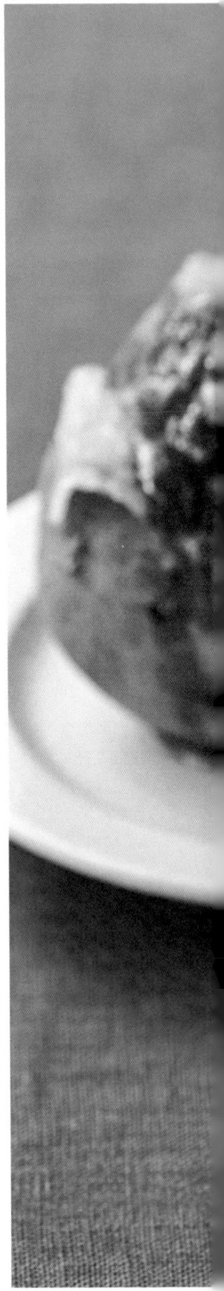

[1食あたり]
166円

[1食あたり]
107円

/ 500g \

ITEM | さば竜田揚げ

サラダ感覚でいただける

サバ竜田揚げ生春巻き

材料 2人分

さば竜田揚げ…6切れ
ライスペーパー(直径16cm)
…6枚
紅白なます…100g
グリーンリーフ…2枚
A | ナンプラー…小さじ2
にんにくみじん切り
…小さじ1/2
唐辛子(輪切り)…少々
レモン汁…大さじ1
砂糖…大さじ1
サラダ油…適量

作り方

1 Aをよく混ぜておき、フライパンでサバ竜田揚げは揚げておく。

2 生春巻きの皮をサッと水にくぐらせ、グリーンリーフ、サバ竜田揚げ、なますの順に巻く。

3 Aにつけて食べる。

/1000g\

ITEM | 牛赤身スジ肉

炊飯器のおかげで手間をかけずトロトロに

ラクラク牛スジ煮込み

材料 4人分

牛赤身スジ肉…500g
にんにく…2片
しょうが…2片
大根…250g
水…2カップ
酒…100mℓ
しょうゆ…大さじ3
砂糖…大さじ2
小ねぎ…適量
七味唐辛子…適量

作り方

1 牛スジ肉を沸騰したお湯(分量外)に入れ、再沸騰したらお湯を捨ててザルにあける。

2 大根は皮をむき、3㎝厚さの半月切りにする。

3 にんにくは皮をむいて芽を取ってつぶし、しょうがはスライスする。

4 小ねぎと七味を除いたすべての材料を炊飯器に入れ炊飯。皿に盛り、小口切りにした小ねぎと七味をふったら完成。

[1食あたり]
221円

/1000g\

ITEM | たこぶつ

たことレモンの相性のよさにびっくり

たこの塩レモンガーリック炒め

材料 作りやすい量

たこぶつ…200g
長ねぎ…1本分
オリーブオイル…大さじ1
にんにく…1片
塩レモン…大さじ1
ブラックペッパー…少々

作り方

1 たこぶつは解凍し、水けをよくきっておく。

2 長ねぎは1cm幅の斜め切りにし、にんにくはみじん切りにしておく。

3 フライパンにオリーブオイルとにんにくを入れ、弱火で香りが出るまでじっくり熱する。

4 たこと塩レモンを入れたら強火にして、たこに火が通ったら長ねぎとブラックペッパーを加え、サッと炒めたら完成。

ずるうまPOINT

にんにくは
弱火でじっくり
炒めましょう!

[1食あたり]
118円

ITEM | オクラ

オクラのポテンシャルを最大限に引き出すレシピ

/500g\ アンチョビガーリックオクラ

材料　2人分

オクラ…200g
アンチョビフィレ… 3枚
にんにく… 1片
サラダ油…大さじ1

作り方

1. アンチョビは粗く刻み、にんにくはみじん切りにする。
2. フライパンにサラダ油と1を入れ、弱火で香りが立つまで熱する。
3. オクラを冷凍のまま加え、ふたをして弱火で4分加熱する。
4. ふたを取り、強火にして乳化(白濁)させたら完成。

ずるうまPOINT

火にかけたまま
前後にゆすれば
乳化します。

[1食あたり]
78円

/500g\

ITEM | 中華野菜ミックス

隠し味のしそがナイスアシスト！

さっぱり揚げ春巻き

材料 10本分

中華野菜ミックス
…150g
牛豚合挽きミンチ…50g
しそ…5枚
ライスペーパー（直径16cm）
…10枚
A | にんにくチューブ…4cm
酒…大さじ1
ナンプラー…小さ2
塩…ひとつまみ
砂糖…小さじ1
ごま油…小さじ2
サラダ油…適量

作り方

1 野菜ミックスと合挽きミンチは解凍して、しそは半分に切っておく。

2 フライパンにごま油を入れ、野菜ミックスとひき肉を炒めたらAを入れ、汁けがなくなるまで中火で炒める。

3 濡れたペーパーなどでライスペーパーの外側5cm程度を濡らし、真ん中にしそ、2を置き、春巻きと同様に巻く。

4 フライパンに2cmほど油を入れ、180℃で3分揚げたら完成。

[1食あたり]
34円

ITEM | 冷凍ゆで大豆

ビールに合わせるおつまみはこれで決まり！

/ 500g \

とまらない大豆唐揚げ

材料 2人分

冷凍ゆで大豆…150g
片栗粉…大さじ1
油…大さじ2
A | 砂糖…大さじ1
しょうゆ…大さじ1
酢…小さじ1/2
白ごま小さじ1

作り方

1 凍ったままの大豆と片栗粉を袋に入れてまぶし、油をひいたフライパンに入れる。

2 できるだけフライパンをさわらず衣がカラッとしたら取り出す。

3 ボウルに2、Aを入れ、混ぜ合わせたら完成。

ずるうまPOINT

テレビを見ながら
ポリポリ食べると
消えてなくなる!?

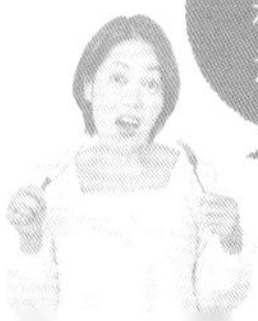

/1000g\

ITEM | とろろ

お酒がクイクイ進みます!

とろろの磯部揚げ

材料 2人分

とろろ…200g

A
- 紅しょうが…20g
- 青のり…小さじ1
- 塩…小さじ1/2
- 片栗粉…大さじ2

揚げ油…適量

作り方

1 解凍したとろろ、Aをボウルでよく混ぜ合わせる。

2 180℃に熱した油に、スプーンですくった1を入れる。

3 両面を揚げ焼きして、こんがりと色づいたら完成。

ずるうまPOINT

天つゆやぽん酢をつけて食べてもおいしい。

ITEM | カーネルコーン

サクッとおいしい！　甘くておいしい！

/500g\ オンリーコーンかき揚げ

材料　4個分

A
- カーネルコーン…100g
- 小麦粉…大さじ1
- 片栗粉…小さじ2
- 水…大さじ1と1/2
- 塩…少々

サラダ油…適量

作り方

1. ボウルにAの材料を入れ混ぜる。
2. クッキングシートを10×10cmに切り、4等分した1をクッキングシートにのせて広げる。
3. サラダ油を180℃に温め、2をそっと入れる。
4. クッキングシートが自然と外れたら裏返して、2～3分揚げて完成。

ずるうまPOINT

コーンは冷凍したまま使えるからめっちゃ時短！

[1食あたり]
58円

ITEM | 辛子めんたいこバラコ

/ 450g \

お弁当や付け合わせに活躍
お手軽タラモサラダ

材料　2人分

辛子めんたいこバラコ…適量
ポテトサラダ…250g

作り方

1 ボウルに明太子大さじ1、ポテトサラダを入れ混ぜ合わせる。

2 1を皿に盛り、明太子をトッピングする。

ずるうまPOINT

混ぜすぎると
水分が出てくるので
注意。

ITEM | 合鴨ロース

鴨とポテサラのうまさがお口の中でごっつんこ

合鴨ポテサラ握り

/ 190g \

材料 1人分

合鴨ロース…30g
ポテトサラダ…90g
焼きのり…適量

作り方

1 ポテトサラダをシャリに見立て、30g×3個に分けて俵形に握っておく。

2 合鴨ロースを薄くそぎ切りにして、1のシャリの上にのせる。

3 玉子の寿司のようにのりを巻いたら出来上がり。

ずるうまPOINT

粒マスタードを
シャリとネタの
間に入れてもOK!

/1000g\

ITEM | 徳用ウインナー

子供が好きなものを全部のせ

お宝ちくわボート

材料 2人分

徳用ウインナー…4本
ちくわ…1本(特大の方)
溶けるチーズ…40g
ケチャップ…適量
マヨネーズ…適量

作り方

1 ちくわの長さを2等分にし、さらに縦に2等分する。

2 ウインナーに縦に切れ込みを入れ、そこにチーズを挟む。

3 1にケチャップを塗り2をのせ、マヨネーズをかけたら、トースターでチーズが溶けるまで焼いて出来上がり。

ずるうまPOINT

大人はタバスコをかけてアレンジしてもおいしい。

[1食あたり]
50円

/1000g\

ITEM | フライドポテト

甘酸っぱさがあと引くうまさ

キムマヨディップ

材料 2人分

フライドポテト…200g
キムチ…20g
マヨネーズ…大さじ4
サラダ油…適量

作り方

1 フライドポテトは揚げ焼きにして、油をきっておく。

2 刻んだキムチとマヨネーズを小皿に入れ、よく混ぜ合わせたら完成。

ずるうまPOINT

キムチを細かく刻むとポテトにからみやすくなります。

/1000g\

ITEM | 大根おろし

魚介のうま味で本格的な味わいに

カニカマ大根もち

材料 2人分 4個

大根おろし…500g
カニカマ…40g
長ねぎ…10センチ
片栗粉…大さじ6
ごま油…大さじ1
ゆずぽん酢…適量

作り方

1 大根おろしはザルにあけ、軽く水けをきっておく。

2 ボウルにほぐしたカニカマ、みじん切りにした長ねぎ、片栗粉と1を加え混ぜ合わせる。

3 油をひいたフライパンに、4等分にした2を入れ、中火で両面こんがり焼いたら完成。ゆずぽん酢をつけて食べる。

ずるうまPOINT

くっつかないよう
しっかりと
油をひくこと！

第7章

和風・洋風
なんでもござれ! の
デザート
レシピ

あなたの家計を
静かに圧迫している甘いもの。
目についたらついつい
カゴに入れてしまうスイーツを、
自宅で手軽に作ってみましょう。

[1食あたり]
72円

ITEM | ラズベリー

/ 500g \

パンにつけてもヨーグルトに入れても

ラズベリーのレンチンジャム

材料 2人分

ラズベリー…100g
砂糖…30g
レモン汁…大さじ1

作り方

1 耐熱ボウルにすべての材料を入れ、スプーンで軽く混ぜたらラップをかけレンジで4分温める。

2 いったん取り出し、かき混ぜたら、さらにレンジで3分温めて完成。

ずるうまPOINT

好みのとろみ加減になるよう、加熱時間を調整！

［1食あたり］
142円

ITEM｜ラズベリー

最後まで飽きない甘さと酸っぱさのハーモニー

／500g＼ ラズベリーチョコアイス

材料　2人分

ラズベリー…100g
チョコレートアイスクリーム
…1個
メロンパン…2個

作り方

1 メロンパンにナイフで横に切れ込みを入れる。

2 ボウルにアイスクリームとラズベリーを入れよく混ぜ合わせ、1の切れ込みに詰めたら完成。

ずるうまPOINT

中に入れるアイスの
種類をいろいろ
試しても面白い。

[1食あたり]
52円

/ 500g \

ITEM | 冷凍カットマンゴー

ドリンクスタンド気分でいただきます！

秒速マンゴーラッシー

材料 4人分

冷凍カットマンゴー…200g
プレーンヨーグルト…200g
牛乳…200mℓ
砂糖…大さじ2

作り方

すべての材料をミキサーに入れて撹拌し、グラスに入れたら完成。

ずるうまPOINT

牛乳の代わりに
豆乳で作ると
ヘルシーに。

ITEM | ラズベリー

/ 500g \

定番クリームを味わい尽くす一品

ぜいたくフルーツサンド

材料 2人分

冷凍マンゴー…20g
ラズベリー…20g
食パン…4枚
アマンディーホイップクリーム
…80g
プレーンヨーグルト…100g

作り方

1 ザルにキッチンペーパーを2枚敷き、そこにプレーンヨーグルトをのせ30分ほど水きりしておく。

2 ボウルに解凍したアマンディーホイップクリームと1を入れ、よく混ぜ合わせる。

3 食パンに2と冷凍フルーツをのせサンドしたら完成。

ずるうまPOINT

水きりをしっかりとすれば、クリームチーズのような食感！

/1800g\

ITEM | 一升もち

口づけのような甘さとやさしさ

モチモチフォンダンショコラ

材料 2人分 ココット2個分

一升もち…2個
ビターチョコレート…6カケ
水…50mℓ
ココアパウダー…少々

作り方

1 耐熱ボウルにもちと水を入れ、ラップをしてレンジで2分温める。

2 取り出した1に4かけ分のチョコレートを割りながら加え、スプーンでよく混ぜ合わせる。

3 ココット2個にそれぞれ2の1/4ずつを入れ、1カケのチョコ、残りのチョコもちを入れたらココアパウダーをふる。

4 レンジで20秒温めたら完成。

ずるうまPOINT

食べる直前に
温めるとチョコが
溶けてグー！

[1食あたり]
59円

ITEM | 一升もち

ほっこりするやさしい甘さ

/1800g\

ココナッツミルクもち

材料 2人分

一升もち…2個

A | ココナッツミルク…1カップ
　| 牛乳…100mℓ
　| 砂糖…大さじ2
　| 塩…2つまみ

ミックスナッツ…適量

作り方

1 もちをトースターで焼く。

2 耐熱ボウルにAを入れ、混ぜ合わせてラップをし、レンジで3分温める。

3 カップに2と焼いたもち、粗く刻んだミックスナッツを入れたら完成。

ずるうまPOINT

塩を少量入れることで甘さが立ちます

/500g\

ITEM｜オクラ

オクラの新食感とネバリに感動！

オクラの伸び〜るアイス

材料 2人分

オクラ…3本
市販のバニラアイス
レモン汁…小さじ1
オクラ…飾り1本

作り方

1 オクラにラップをしてレンジで1分30秒加熱したら粗熱を取っておく。

2 1はできるだけ細かくみじん切りにして、レモン汁とあえておく。

3 市販のバニラアイスに、1を入れ よく混ぜ合わせたら出来上がり。

ずるうまPOINT

レモン汁を入れることでオクラの青臭さが消えます。

ITEM | かぼちゃ

/ 500g \

甘さ控えめで子供から大人まで大人気

かぼちゃの炊飯器ケーキ

材料 6人分

かぼちゃ…350g

A
- 卵…3個
- 生クリーム…1箱
- 砂糖…大さじ5
- ホットケーキミックス…大さじ5

サラダ油…適量

作り方

1. 耐熱ボウルにかぼちゃを入れ、ふわっとラップをしたらレンジで4～5分温める。
2. 1を熱いまま皮ごとつぶして、Aを加えよく混ぜ合わせる。
3. 炊飯器の内側に薄く油を塗り、2を流し入れ炊飯ボタンを押す。
4. 竹串を刺して、しっかりと火が通ったら完成。

ずるうまPOINT

4で竹串に液体がつくようだったら、再度炊飯します！

/1000g\

ITEM | 讃岐うどん

甘じょっぱさがクセになる

あんバタうどん汁粉

材料 2人分

讃岐うどん…1玉
A | 粒あん…200g
　| 水…100mℓ
　| 塩…小さじ1/2
バター…10g

作り方

1 耐熱ボウルにAを入れ、あんこをほぐすようにかき混ぜたら、さっと水にくぐらせた冷凍うどんを入れる。

2 ボウルにふわっとラップをしてレンジで4分温めたら、いったん取り出して軽く混ぜ合わせ、さらに2分温める。

3 器に2を盛り付けたら、バターをのせて完成。

ずるうまPOINT

お好みで塩の量を加減してください。

ITEM | パンケーキ

外はカリ！　中はモチッ！　カロリーたっぷり！

/600g\ 罪深き揚げパンケーキ

材料 1人分

パンケーキ…1枚

A | オレンジジュース…50mℓ
　| バター…5g

粒あん…適量

アマンディホイップクリーム
　…適量

サラダ油…適量

作り方

1 冷凍パンケーキは解凍して半分に切る。

2 フライパンに1cmほど油を入れて温め、パンケーキの両面を揚げ焼きにする。

3 Aを小鍋に入れて強火で1分煮詰める。

4 パンケーキに3をかけ、粒あんと解凍しておいたアマンディホイップクリームをトッピングしたら完成。

ずるうまPOINT

揚げることでさらに
モチっとした
仕上がりに。

CONCLUSION
おわりに

なんてたって、毎日がお買い得！　そう、それが愛好家から「業スー」と呼ばれている“業務スーパー”の合言葉。

大容量で激安！　そして破格・格・格・破格・格(笑)!
冷凍食品の種類が豊富で、日々の食事の支度が劇的に時短になるのです。かんたんで時短、さらにおいしい！　なんて“ずるうま”なんでしょうか。

私は毎回買い物前に「買いすぎに注意！」と思っていますが、いざ業スーに行くと、あれもこれもと便利食材がありすぎて、続々とカートイン。わが家の冷蔵庫の95%は業スー食材で埋め尽くされているのです。

今回は、そんな中でも冷凍食品をフル活用するレシピで一冊を作りましたが、いかがだったでしょうか？　時間に追われる毎日に、少しでもホッと一息つけるゆとりが生まれたら、これほどうれしいことはありません。皆さんも楽しく賢く業スーライフを楽しんでいただければと思います。

最後になりましたが『ヒルナンデス！』のスタッフの皆さん、書籍製作でお力添えいただいた皆さん、いつも応援してくださる業スーファンの皆さんに心から御礼を申し上げます。

業務田スー子

索引

【肉類・肉加工品】

【魚介・魚介類加工品】

【野菜】

【缶詰】

【ごはん・麺・パン】

【調味料】

【果物・スイーツ】

【牛乳・乳製品】

【その他】

業務田スー子の
ヒルナンデス！ 冷凍食品 ずるうまレシピ

2021年3月30日　初版発行

ヒルナンデス！テレビスタッフ

チーフプロデューサー　江成真二
演出　五歩一 勇治
曜日演出　冨永琢磨
統括プロデューサー　三觜雅人
プロデューサー　小林拓弘
藤井良記
大野光浩（えすと）
橋村青樹（えすと）
佐々木誠（ホリプロ）
出版プロデューサー　将口真明、飯田和弘（日本テレビ）

STAFF

アートディレクション　細山田光宣
装丁・本文デザイン　木寺 梓（細山田デザイン）
DTP　横村 葵
撮影　市瀬真以
調理　業務田スー子
水嶋千恵
調理助手　荻 ありす
いのうえ陽子
高橋 結
フードスタイリング　水嶋千恵
ヘアメイク　武藤由紀子
構成　キンマサタカ（パンダ舎）
校正　東京出版サービスセンター
編集　小島一平（ワニブックス）

著者　業務田スー子
発行者　横内正昭
編集人　青柳有紀
発行所　株式会社ワニブックス
〒150-8482
東京都渋谷区恵比寿4-4-9
えびす大黒ビル
電話　03-5449-2711（代表）
03-5449-2716（編集部

印刷所　大日本印刷株式会社
DTP　有限会社 Sun Creative
製本所　ナショナル製本

ワニブックスHP　http://www.wani.co.jp/
WANI BOOKOUT
http://www.wanibookout.com/
WANI BOOKS NewsCrunch
https://wanibooks-newscrunch.com/

ISBN978-4-8470-7035-8